Bettina Bremer

DAS ZAUSELSCHWEIN

... und andere Gedichte

Bettina Bremer, Jahrgang 1953, wuchs in Karlsruhe auf. Sie studierte Sozialpädagogik und arbeitete unter anderem als Clownin, Psychotherapeutin und Erzieherin.
Erst mit Ende fünfzig entdeckte sie ihre Freude am Schreiben.
Sie lebt heute unweit von Hannover in einem kleinen Haus im Wald.

© 2020 Bettina Bremer
Autor: Bettina Bremer
Umschlaggestaltung, Illustration: Bettina Bremer
Lektorat, Korrektorat, Satz: Ilka Crimi
Verlag & Druck:
tredition GmbH, Halenreie 40-44, 22359 Hamburg

ISBN:
978-3-347-02826-5 (Paperback)
978-3-347-02827-2 (Hardcover)
978-3-347-02828-9 (e-Book)

Bibliografische Information der Deutschen Nationalbibliothek:
Die Deutsche Nationalbibliothek verzeichnet diese Publikation in der Deutschen Nationalbibliografie; detaillierte bibliografische Daten sind im Internet über http://dnb.d-nb.de abrufbar.

INHALT

DAS HUHN

Ein Huhn entfloh dem Massenstall
und nahm sich vor, in jedem Fall
erlebten Grausamkeiten
ein Ende zu bereiten.

Es sprach zu sich: »Ich bin nicht doof,
ich such mir einen Biohof!
Dort lebe ich dann artgerecht.
Ein Hahn dazu? Das wär nicht schlecht.«

So dachte es im Weitergehn,
hat einen Laster übersehn.
Der hat das Huhn glatt überrollt.
Bestimmt hat er es nicht gewollt,
der Fahrer, der in Eile war,
zu holen jene Hühnerschar
aus schon genanntem Massenstall,
um diese dann in jedem Fall
dem Schlachten zuzuführen.

Das Huhn tat's nicht berühren.
Es lag ganz still am Straßenrand,
die Freiheit war ihm nun bekannt.
Zwar nur ganz kurz, doch intensiv.
Es lächelte, als wenn es schlief.

DER KEKS
UND DIE ZUCKERSTANGE

Ein Keks, der liebte schon sehr lange
die buntgestreifte Zuckerstange.
Sie beide lagen unterm Bett
der pummeligen Klein-Annett.
Die Zuckerstange zierte sich:
»Der Keks, das ist kein Mann für mich!
Er ist ganz trocken, hart wie'n Brett –
das funktioniert nicht unterm Bett!
Es muss noch einen andren geben
mit dem bereit bin ich zu leben.«
Sie hoffte auf ein Liebesglück
der Keks zog sich enttäuscht zurück.

Da hat nach sieben viertel Stunden
ein Kaugummi sich eingefunden
gut durchgekaut von der Annett
bei Keks und Stange unterm Bett.
Die Zuckerstange freute sich:
»Das ist der richt'ge Mann für mich:
Die Wärme! Die Geschmeidigkeit!
Ich denke, es ist höchste Zeit,
mit meinem kühlen Rücken
mich etwas an ihn hin zu drücken.«

Den Keks, den schmerzte, was er sah.
Er sprach: »Ich mach mich lieber rar.
Dies Schauspiel seh ich mir nicht an
zumal ich nichts dran ändern kann.«

Nach einer Woche war's soweit:
die Zuckerstange war es leid,
dass ihr der Mann am Rücken klebte.
Es war, als ob er nicht mehr lebte!
Nichts mit geschmeidig oder zart,
stattdessen war er kalt und hart.
»Verflixt nochmal, was mach ich bloß?
Wie werde ich den wieder los?
Mein lieber Keks, komm, rette mich,
der Kerl, der klebt so fürchterlich
an mir. Doch wär ich lieber dein.
Du, starker Keks sollst uns entzwei'n!«

Doch der war dazu nicht bereit.
Er hatte kurz zuvor gefreit
die Wollmaus, die ganz unscheinbar
schon immer in der Nähe war
und, als der Keks so schrecklich litt,
ganz einfach zu ihm rüber glitt.

LICHT IM DUNKLEN

Ein Glühwürmchen saß auf dem Blatt
und leuchtete mit dreizehn Watt.
Die Wanze in der Nachbarschaft
war von dem Licht völlig geschafft,
hatte kein Auge zu getan
und fing direkt zu schimpfen an:

»Sag mal, du Wurm, bist du gescheit,
zu stören hier die Dunkelheit?
Ich kann nicht schlafen, werde munter,
dreh doch dein blödes Licht mal runter!«

Das Glühwürmchen schaute betroffen.
»Ich will mich doch nicht mit dir zoffen,
bloß – wenn ich lösche dieses Licht,
dann finden mich die Kerle nicht!«

»Pfui Deibel!«, rief die Wanze aus,
»das ist doch hier kein Freudenhaus!«
Doch die Empörung hielt nicht an,
war auch die Wanze ohne Mann.
Sie dachte sich: »Kann denn der Schein
nicht auch für mich von Vorteil sein?«

»Es tut mir leid«, sprach sie ganz sacht,
»ich habe etwas nachgedacht
und frage mich ob's möglich sei,
zu teilen diese Glüherei?«

Das Würmchen war erst zögerlich,
doch nach und nach besann es sich.
»Reib dich nur fest an meinem Rücken,
dann kann es mit dem Glühen glücken.«

Es glückte – anders als gedacht.
Ein zarter Funke ward entfacht,
als sich die Wanze rieb am Wurm,
die Emotionen liefen Sturm!
Das Glühwürmchen löschte das Licht.
Was dann geschah, verrat ich nicht ...

SPEED DATING

Ein Schneck mit einem gelben Haus
beschloss: Heut Abend geh ich aus,
zum Speed Dating nach Quakenbrück,
kehr hoffentlich zu zweit zurück.

Nach Quakenbrück war's ziemlich weit.
Ich weiß nicht jede Einzelheit,
jedoch der Schneck war pünktlich da
im Nebenraum der Minibar,
wo sowohl Herren als auch Damen
sich unter Aufsicht näher kamen.
Der Moderator war ein Frosch,
der immer auf den Gong eindrosch,
wenn zwei Minuten war'n vorbei
und sie und er mischten sich neu.

Grad saß der Schneck bei einer Maus.
Die sah zwar ganz bezaubernd aus
mit ihren Augen, diesen beiden,
jedoch ihr Fell konnt' er nicht leiden.
Ganz anders war es bei der Schleiche,
der blinden, denn sie hatte weiche
und glatte Haut. Gefiel dem Schneck.
Doch die schnappte ein anderer weg!

Die nächste war ein Schmetterling,
ein buntes, flatterhaftes Ding.
Er wollte gern mit ihr entschweben,
doch blieb er fest am Boden kleben!
Enttäuscht blieb er allein zurück
und senkte traurig seinen Blick.
Doch jener Frosch mit seinem Gong,
brachte ihn wieder zur Raison
und plötzlich saß bei ihm die Grille.
Die trug aus Jux ne dicke Brille,
war zugänglich für jeden Scherz.
Als Kumpel? Ja! Doch nichts fürs Herz.

Das Speed Dating war fast vorüber:
noch zwei Minuten blieben über!
Da setzte sich – ganz ohne Witz –
zu ihm ne Schnecke aus Lakritz.
Die glänzte schwarz wie ein Klavier.
Der Schneck war hin und weg von ihr
Und nach den zwei Minuten war
den beiden klar: Wir sind ein Paar!
Sie zogen sich beschwingt vor Glück
vereint zurück aus Quakenbrück.

DER KLOPS

Ein Dackel kackte vor die Tür
vom Tulpenweg Hausnummer 4.
Herr Rumpel, dem das Tier gehörte,
sich an dem Klops nicht weiter störte.
Tat so, als wäre nichts geschehn,
pfiff gar ein Lied im Weitergehn.

Was er nicht ahnte, das war dass,
Frau Groll hinter dem Vorhang saß
und so geschützt im Hintergrund
den Mann erkannte und den Hund.
»Na warte!«, rief sie wutentbrannt
und kam schon aus dem Haus gerannt.
Zu spät – der Mann war um die Ecke
im Sichtschutz einer dichten Hecke.

Frau Groll – bewaffnet mit Papier –
griff sich den Klops von jenem Tier
und trug denselben ungesehn
drei Häuser weit, zur Nummer 10,
wo sie ihn parkte vor der Tür
und dann zurücklief in die 4.
Im Schutz der eigenen vier Wände
da lachte sie, rieb sich die Hände:
»Ach, nur zu gern schaute ich zu,
wenn ihm der Dreck klebt unterm Schuh!«

Um ein paar Brötchen zu besorgen
kam die Frau Groll am nächsten Morgen
vorbei am Haus mit Nummer 10
und konnte schadenfreudig sehn,
dass vor ihr auf dem Trottoir
der Klops ganz platt getreten war.
Zufrieden sprang sie eins, zwei, drei
die Stufen hoch zur Bäckerei
wo sie die Bäckersfrau empfing:
»Hast du gehört, was für ein Ding
sich gestern zugetragen hat?
Der Hund vom Rumpel, der ist platt!
Sein Herr, der ist wohl ausgerutscht,
fiel auf den Hund – der ist jetzt futsch!
Der Mann renkte das Bein sich aus,
man brachte ihn ins Krankenhaus!«

Frau Grolls Gesicht färbte sich weiß.
Sie flüsterte: »Was für ein Scheiß!«

AUFGABENVERTEILUNG

Der Biber bibbert auf dem Damm,
denn Kälte macht das Fell ihm klamm.
Zwei Vögel vögeln in den Bäumen,
der Ochse kann davon nur träumen …
Ein Faultier das vom Baume fiel,
wurde gefoult beim Liebesspiel.

Der Dackel dackelt vor sich hin,
sucht wackelnd einen Lebenssinn.
Die Sau, die saut sich gerne ein,
deshalb passt auch der Name »Schwein«,
denn Schweine sind nicht wirklich reinlich.
Dem Waschbär wäre so was peinlich.

Der Kuckuck kann nur »kuckuck« sagen,
egal, was wir für Fragen fragen.
Verschwiegen jedoch ist der Fisch.
Er liegt als Stäbchen auf dem Tisch
flugs aufgebaut mit ruhiger Hand
vom Elch aus dem IKEA-Land.

Der Stör, der stört sich nicht daran,
zieht altersweise seine Bahn
und hört nicht wie der Reiher reihert,
danach geschwächt beim Abflug eiert.
Der Mops mopst sich mit Silikon
zu Möpsen mit Dimension.
Nicht affig, sondern bunt und schrill
so ist der Hintern vom Mandrill.

Jetzt habe ich mich glatt verstiegen ...
Vielleicht hätt' besser ich geschwiegen
als irgendwas daher zu dichten
und so ein Chaos anzurichten?
Obwohl ... man muss auch anerkennen:
Das Chaos ist, was wir gut können!

DAS GEMÄLDE

Die Frau des Malers sitzt Modell
derweil ihr Mann geübt und schnell
mit Zauberhand die Farben mischt
und diese auf die Leinwand wischt.
Mal zart, fast schwebend, dann auch zackig,
die Ehefrau indes sitzt nackig,
sparsam bedeckt mit dünnem Tuch
und tut, als lese sie ein Buch.

Der Pinsel taucht jetzt in Rosé,
Limette, Crème und auch in Bleu,
er tupft und streicht und malt Konturen
und legt geheimnisvolle Spuren ...
Alsdann der letzte Pinselstrich.

Die Ehefrau erkennt sich nicht.
»Was ist das? Und wer soll das sein?
Ein Nacktmull mit nur einem Bein?«
Der Maler schaut recht konsterniert.
»Die Kunst hast du noch nie kapiert!
Das Bild kommt in die Vernissage
heut' Nacht in der Kulturgarage!«

Die Vernissage ist ein Event,
wo man die meisten Leute kennt.
Man steht mit Sektglas vor den Bildern
um seine Eindrücke zu schildern.
Der Maler ist höchstselbst zugegen,
zunächst aber – etwas verlegen –
im Hintergrund, um nicht zu stören,
in erster Linie um zu hören,
wie man sein Bildnis kommentiert
und wie man es interpretiert.

»Wie schön!«, ruft eine Frau in Rot,
»ein blauer Krug und ein Stück Brot.
So reduziert, das spricht mich an.«
»Du fantasierst«, findet ihr Mann,
»ein Akkuschrauber und ein Brett,
vereint in einem Himmelbett!«

»Sie irren sich!«, meint eine Dame,
»ich sehe eine Bartagame.
Die Beine sind nicht ganz gelungen,
dadurch wirkt sie etwas gedrungen.«

Nun mischt sich auch der Künstler ein:
»Ein Nacktmull ist's , mit einem Bein!«
»Jetzt seh ich's auch!«, ruft da die Dame,
vergessen ist die Bartagame.
Die Reduzierte hat gelacht.
»Ich hab nur einen Scherz gemacht.
Von wegen Brot mit Krug in Blau ...
Den Nacktmull seh ich ganz genau!«

Der Akkuschrauber hält sich raus,
am liebsten ginge er nach Haus.
Das ist auch was der Künstler will.
Sucht seine Frau in dem Gewühl.
Sie steht alleine am Buffet
in jeder Hand ein Kanapee.

»Komm mit nach Haus, du Nacktmull mein!
Ich liebe dich. Dich und dein Bein.«

DAS ZAUSELSCHWEIN

Das Zauselschwein übt insgeheim
den Handstand an die Wand.
Kartoffelbienchen hat's gesehen
und ist gleich losgerannt ...

Es flüsterte dem Rötelfuß:
»Da gibt's was zu entdecken!«
Der Rötelfuß ist losgehüpft.
»Das will ich selber checken!«

Kaum sieht er da das Zauselschwein
kopfunter an der Wand,
ist er – von jetzt auf schau'n wir mal –
in Liebe voll entbrannt.

Das Zauselschwein jedoch übt stur.
Es ist nicht interessiert.
Der Rötelfuß kriegt schlechte Laune,
weil er nicht gern verliert.

Kartoffelbienchen hat's gesehen:
Er stieß sie um, die Wand!
Das Zauselschwein jedoch blieb stehen
sogar auf einer Hand!

TELLERRAND

Ein Alphabet aus Nudelteig,
das schwamm in einer Brühe,
garniert mit Petersilie –
da gab sich jemand Mühe.

Und auf dem breiten Tellerrand,
bemalt mit grünen Ranken,
da lag ein **F**, ganz unbemerkt
und machte sich Gedanken:

»Statt in dem Suppenteich zu dümpeln
mit Petersilie glatt und kraus,
wär's möglich einen Blick zu wagen
über den Tellerrand hinaus.«

Ein Löffel tauchte in die Suppe,
schob kleine Wellen vor sich her,
die sanft das **F** vom Teller schubsten.
Es plumpste auf den Tischläufer.

Das sah die alte Ledermaus,
versteckt hinter der Vase.
Es zitterte der Mauseschwanz
und auch die schwarze Nase.

»Ein **F**! Ein **F**!«, so rief sie aus,
»jetzt ändert sich mein Leben,
denn mit dem **F** vor Ledermaus
kann ich befreit entschweben.«

So ist das mit dem Tellerrand:
man kennt nicht das Dahinter.
Doch wer die Suppe nie verlässt,
gar warnt davor: dann spinnt der!

AUF DER SUCHE

Ich bilde schrecklich gern mich fort
an diesem oder jenem Ort,
bloß nicht zu Haus' wo alles bleibt
und nichts zum Höhenflug mich treibt.

Ein Malkurs war in Gambia,
da saß ich in der Loggia
mit Staffelei und Borstenpinsel
und malte rote Blutgerinnsel.
Sieh an, da war doch sonnenklar,
die Medizin lag mir wohl nah!

So buchte ich als nächstes dann
ein Seminar in St. Johann.
»Durch Handauflegen Heilung schenken«
der Titel gab mir nicht zu denken.
Erst als ein Rolf aus Friedenau
gleich beide Hände ganz genau
auf meinen Brüsten deplatzierte
und mir dann auch noch suggerierte,
dass das so auf dem Lehrplan stand,
entschied ich mich für Griechenland.

Und auf der Sonneninsel Kos,
da bauten wir zu fünft ein Floß.
»Sich treiben lassen« hieß das Ziel.
Das Floß jedoch war instabil,
so dass nach kurzer Zeit es sank
wobei zum Glück niemand ertrank.

Ich tanzte Bauch und meditierte,
umarmte Bäume und jonglierte
mit anderen, auch auf der Suche
nach etwas, was man nicht im Buche,
weder auf Kos noch St. Johann,
so mir nichts, dir nichts finden kann.

Da traf mich ganz profan beim Bücken
ein Hexenschuss in meinen Rücken.
Der Schmerz, er zwang mich in die Knie,
und aus der Perspektive sah ich sie:
Ziemlich verwahrlost und verstört
klemmte sie hinter meinem Herd!

Ich quälte mich die zwei, drei Schritte
und nahm sie endlich an mich: Meine Mitte!

DIE KELLERASSEL

In einem Reihenhaus bei Kassel,
da lebte eine Kellerassel
mit Schwestern, Brüdern und Mama,
wo`s feucht und kühl und dunkel war:
im Keller hinter einer Truhe,
genutzt für warme Winterschuhe.

Seit kurzem hing – wohl nur zur Zier –
ein Bild von einem Gürteltier
am Türblatt vis-à-vis der Truhe.
Das ließ der Assel keine Ruhe:
Von jenem Bildnis hingerissen
trainierte sie hart und verbissen
Bauch, Beine, Po und auch den Rücken.

Danach ging's ans Gewichte drücken:
Zu Kugeln rollten sich zwei Brüder,
die Assel stemmt sie immer wieder.
Die Mutter runzelte die Stirn:
»Hast du, mein Junge, gar kein Hirn?
Trainieren Rücken, Bauch und Bein
sollt' nicht dein Lebensinhalt sein!«

Doch ließ die Assel sich nicht stören.
Bedenken wollte sie nicht hören.

Ein klares Ziel war zu erreichen:
Sie wollte diesem Bildnis gleichen
von jenem starken Gürteltier.
Bald stemmte sie der Brüder vier!
Und eines Morgens war ihr klar,
dass sie jetzt unbesiegbar war.

Jenes Gefühl hielt auch noch an,
als in den Keller kam der Mann
des Hauses, aus der Truhe
zu holen sich die Winterschuhe.

Die Assel fühlte sich gestört,
pumpte sich auf und rief empört:
»Du Würstchen, sag, was willst du hier?
Ich bin das starke Gürteltier!
Lass uns in Ruhe und geh raus,
sonst knipse ich das Licht dir aus!«

Ein Schritt des Mannes auf die Seite:
Die Assel platzte in die Breite.
Da weinten Schwestern und auch Brüder.
Die Mutter klagte immer wieder:
»Hätt'st du doch auch dein Hirn trainiert,
dann wäre dir das nicht passiert!«

DER BASTARD

Die Grasmückfrau saß schon seit Tagen
auf ihrem Nest, in welchem lagen
vier Eier. Doch wie sonderbar:
das eine sehr viel größer war;
und jetzt, in diesem Augenblick,
erklang ein leises Pickpickpick,
und kurz darauf zerbrach das Ei,
ließ einen feuchten Vogel frei.

Die Grasmückfrau war hoch entzückt.
Sie hat ihr Kind ganz sanft gedrückt,
verließ dann überstürzt den Ort,
um ihrem Grasmückmann sofort
die Neuigkeiten zu berichten.
Auf einem Baum tat sie ihn sichten,
erzählte ihm von ihrem Glück
und flog mit ihm zum Nest zurück.

Das Vogelkind, das hat indessen
in jenem Nest allein gesessen
und hat die Eier kurzerhand
hinausbefördert übern Rand.
Geschwisterliebe war ihm fremd,
was zählte, war das eigene Hemd.
Der Grasmückmann war sehr entsetzt:
»Was hast du in die Welt gesetzt?

Das ist ein Monster, schau doch hin,
von dem ich niemals Vater bin!«
So sprach er in gereiztem Ton
und machte sich auf und davon.

Ein Zilpzalp flog am Nest vorbei:
»Das ist ja eine Sauerei!
Mit wem hast du dich eingelassen?
Es ist doch wirklich kaum zu fassen!
Ein Bastard hier in unsrer Mitte!«
Der Rotschwanz war danach der dritte,
der hänselte: »Ich spekulier,
der Vater war wohl nicht von hier?«

»Ein Ausländer?«, rief da die Meise,
»Den will ich nicht in unsrem Kreise!
Wer weiß, was der für Unheil bringt,
wenn er die falschen Lieder singt!«

Der Grasmückfrau wurde rasch klar,
dass hier zu bleiben unklug war.
Ihr Kind auf ihrem schmalen Rücken,
gefolgt von ungläubigen Blicken,
flog sie geschwind – weg von daheim –
hinauf ins Wolkenkuckucksheim.

AFFENTHEATER

Die Affen hocken auf dem Felsen,
doch nicht im Zoo von Gelsen-
kirchen, und das ist das Tolle:
der Ort spielt hierbei keine Rolle.

Sie hocken dort und lausen sich,
in Grüppchen oder auch für sich.
Sie lieben und sie kopulieren,
sie streiten und sie lamentieren,
sie saufen, fressen, überwintern,
der Rest geht glatt vorbei am Hintern.
Und was sie stört auf ihrem Fels,
wie Leichen, Kot, Getreidespelz,
von Kokosnüssen auch die Schalen,
die lassen sie ganz einfach fallen ...
Und alles plumpst zu guter Letzt
ins Meer, das jenen Fels benetzt.

So könnt' es immer weiter gehn,
doch dann ist Folgendes geschehn:
Als sie so sitzen, ganz gemütlich,
da nähert sich von weiter südlich
ein Schlauchboot, überfüllt mit jenen
– auch Affen – doch mit anderen Genen.
Mit grünem Pelz und roten Füßen,
die möchte keiner hier begrüßen.

Stattdessen fällt der Glaubenssatz:
»Auf unserem Felsen ist kein Platz!«

Ein Loch im Schlauchboot lässt es sinken,
die meisten drohen zu ertrinken
und übrig bleibt ein kleiner Rest
der krallt sich an dem Felsen fest.
Die anderen Affen schauen zu,
dann drehen sie ihm den Rücken zu.

Denn: Was sie stört auf ihrem Fels,
wie Affen mit dem grünen Pelz,
von Kokosnüssen auch die Schalen,
die lassen sie ganz einfach fallen ...
Und alles plumpst zu guter Letzt
ins Meer, das alles nach und nach zersetzt ...

SOLIDARITÄT

Es ist Sommer, es ist heiß,
zwölf Schafe – überwiegend weiß,
die ducken sich in wenig Schatten,
geworfen von des Zaunes Latten.
Ein Schaf, das hat schon schlechte Laune.
Daneben rechts, das einzig braune
steht da und brütet vor sich hin.
Die schlecht gelaunte Nachbarin
lehnt sich zum Schaf zu ihrer Linken:
»Wie kann man nur so furchtbar stinken!?
Riechst du das auch? Das Braune da?«

»Das war schon immer sonderbar,
doch mir hat niemand zugehört!«
»Mich hat es immer schon gestört«,
ruft da die Alte aus der Mitte,
»denn schließlich ist es bei uns Sitte
von Kopf bis Fuß ganz weiß zu sein.
Zu schwarz und braun da sag ich NEIN!«
»Wir auch! Wir auch!«, hört man es rufen.
So manche scharren mit den Hufen.
Das braune Schaf ist starr vor Schreck,
fast knicken ihm die Beine weg.

Da blökt der Schafbock plötzlich los:
»Ihr seid doch wirklich nicht bei Trost!
Die Hitze hat euch zugesetzt,
sonst hättet ihr nicht so gehetzt.
Mir ist's egal ob weiß ob braun –
ich habe Spaß mit allen Frau'n.«

»Du Chauvi-Schwein!«, ruft es im Chor.
»Auf ihn! Den nehmen wir uns vor!«
Und eh der Schafbock sich's versieht
erhält er schon den ersten Tritt.
Es wird gerempelt und gebufft.
»Geschieht ihm recht, dem geilen Schuft!«
Das braune Schaf ist voll dabei
und heizt sie an, die Keilerei.

Doch endlich machen alle schlapp
und lassen von dem Schafbock ab.
Der liegt schon länger auf dem Boden ...
Ein Huf traf ihn in seine Hoden.
Es war das Schaf mit schlechter Laune!
Stolz wendet es sich an das Braune:
»Zusammenhalt ist das, was zählt.
Ein Hoch auf Solidarität!«

IM STREICHELZOO

Im Streichelzoo der Raritäten
gibt es Bedarf an Majestäten.
So sucht man schon seit langem wen,
der Ordnung bringt in das System,
denn: All die unterschiedlichen Rassen,
die müsste man zusammenfassen
mit Feingefühl und Überblick
doch wer besitzt so ein Geschick?

Am Teich da hocken die Schulbaden
und naschen schleimig-graue Maden.
Sie bleiben gerne unter sich;
die Nachbarn interessieren nicht.

Dann gibt es noch das Ritali.
Das springt umher und schläft fast nie,
kann sich nicht konzentrieren.
Wie soll es da regieren?

Der Biezwack hätte gern regiert,
doch ist er grade deprimiert.
Jetzt wär sie nützlich, die Manie ...
Wenn man sie braucht, dann kommt sie nie!

Es räkeln nackt sich die Kalwüren,
die zu Allüren gern verführen.
Fast alle können sie gut leiden –
doch: sollten die ein Amt bekleiden?

Und die Miphosen sind verklemmt,
im Wachstum außerdem gehemmt,
was schlecht ist, will man was erreichen.
Die kann man vorab schon mal streichen.

Was nun? So mag man sich da fragen.
Wer soll Verantwortung jetzt tragen?

»Ich mach den Job! Ich will es sein!«
Da mischt sich doch das Trumpel ein!
Ein Neuzugang von irgendwo
kam jüngst in jenen Streichelzoo.
Das Blondhaar vorne auf der Stirn
liegt schützend vor ein wenig Hirn.

»Dann mach doch ...«, denken die Schulbaden
und widmen weiter sich den Maden.
Kein Widerspruch von irgendwo.

Das Trumpel, das verkündet froh:
»Vernehmt mein oberstes Dekret:
Ich will, dass jeder rückwärts geht!«

Das Ritali ist nicht verstört,
denn es hat gar nicht zugehört.
Der Biezwack jammert vor sich hin:
»Das macht doch alles keinen Sinn ...«
Und die Kalwüren träumen gar
vom Trumpel mit dem blonden Haar.

Miphosen Trumpel super finden
und sofort einen Fanclub gründen.
Der Rückwärtsgang befreit sie just
aus einem Dasein voller Frust.

Und die Moral? So oder so:
Geht nicht in einen Streichelzoo!

DAS SEMIKOLON

Das Semikolon ist bedrückt:
Ich weiß nicht ob an mir es liegt,
dass niemand mich mehr nutzen mag.
Ein Zustand, den ich schlecht vertrag!
Wo ich doch in der Lage bin,
zwei Sätze mit und ohne Sinn
als gleichberechtigt zu erkennen
und in der Mitte durchzutrennen.

In vielen Büchern kaum zu finden,
werd' ich demnächst wohl ganz verschwinden.
Ich sollte jetzt in Würde gehen,
denn es ist gar nicht einzusehn
zu warten bis zum bitt'ren End',
wenn niemand meinen Namen kennt.

Nur noch den Schlauen mit Latein
fällt dann als allerletztes ein,
ich sei die Hälfte – das sei Fakt –
vom unteren Verdauungstrakt!

VOM AUSSTERBEN

Die Zeitung schrieb es unumwunden:
Die Elfen seien wohl verschwunden.
Der Grund dafür sei nicht bekannt,
doch läge jetzt schon auf der Hand
– falls jemand das behauptet hier –
die Politik kann nichts dafür!

Ich habe noch in dieser Nacht
mich Richtung Auwald aufgemacht.
Hinter den Birken, gleich am Bach,
ließ ich mich nieder. Nach und nach
zogen Wolken am Himmel vorbei
und ließen Mond und Sterne frei.
Die streuten ein sanftes silbriges Licht ...

Da hörte ich etwas, doch erschloss sich mir nicht
was das war, was ich hörte
und die nächtliche Stille störte.
Da war so ein Wimmern, ein Schluchzen, ein Klagen,
voller Verzweiflung und kaum zu ertragen.
Mit einem Mal war ich hellwach,
verließ mein Versteck und rannte zum Bach.

Und da auf der Wiese, da sah ich sie liegen
die Elfen, die Schönen, versuchten zu fliegen,
versuchten zu schweben, sich zu erheben
ein letztes Mal in ihrem Leben ...

Dann sah ich in des Mondes Schein:
Man hatte geraubt der Elfen Bein.

DER LETZTE EISBÄR

Der Eisbär steht am Jägerzaun
und kratzt sich an den Ohren.
Der Gartenzwerg, er wundert sich:
»Ich denk ihr seid verloren?«

»Das stimmt – ich mag der Letzte sein
und möchte nun probieren
mich in der Laubenkolonie
trotz Bär zu integrieren.«

»Ich fürchte das wird nicht gelingen.
Die Regeln sind hier streng.
Ein Eisbär ist nicht vorgesehen,
die sind da ziemlich eng.«

»Wart's einfach ab, du kleiner Wicht,
ich weiß, ich bin beliebt.
In Buch und Film, als Kuscheltier,
weil's mich bald nicht mehr gibt.«

Wie schnell das geht, das hat der Bär
natürlich nicht geahnt ...
Der Schützenkönig samt Gefolge
kommt plötzlich angerannt.

Ein sauberer Schuss – der Eisbär hängt
tot überm Jägerzaun ...
Jedoch im Zoo, im Film, im Buch
ist er noch anzuschauen.

DER SCHUH

Ein Schuh liegt auf der Autobahn
allein, mit ohne Fuß daran.
Ich frag mich, ob das möglich ist,
dass diesen Schuh niemand vermisst?
Ein Herrensportschuh, weiß mit schwarz,
auf der A7 kurz vorm Harz.

Vielleicht hat dieser Schuh gedrückt
und sein Besitzer – halb verrückt
von diesem Schmerz an seinem Fuß –
hat, wie auch immer, weil es muss,
den Schuh von seinem Fuß gerissen
und aus dem Fenster rausgeschmissen.

Oder: Die Frau am Steuer, er daneben.
Zwei Kinder auf dem Rücksitz geben
phonetisch alles, was sie können:
Die Kleine fängt grad an zu flennen,
weil sie der Bruder unsanft schubste,
als sie in ihre Windel pupste.
Der Bruder äfft das Flennen nach,
und langsam steigert sich der Krach.
Der Vater brüllt: »Ihr seid zu laut!«.
Der Bruder seine Schwester haut,
denn diese hat ihn, ganz gemein,
gekniffen in sein linkes Bein.

Der Vater bückt sich und greift zu,
hält in der Hand den rechten Schuh ...
(im Auto hat er keine an,
damit er sich entspannen kann)
... den wirft er, weil sie ihn so stören,
nach hinten zu den beiden Gören.
Die Kleine kreischt, der Bruder schreit,
dann öffnet er sein Fenster weit
und wirft den Schuh so fest er kann,
nach draußen auf die Autobahn.

Natürlich könnte es auch sein,
der Fahrer hatte nur ein Bein
und macht sich einen Spaß daraus,
wirft seine Schuh zum Fenster raus.

So mach ich mir meine Gedanken
doch langsam sollte ich mal tanken
und halte Ausschau nach den Schildern
mit den blau-weißen Rasthofbildern.

Was lässt mich da erneut abschweifen?
Ein Schlüpfer auf dem Mittelstreifen ...

DER GELBE SCHWIMMRING

Ein gelber Schwimmring – unbemannt
liegt einfach da am Ostseestrand.
Ein Kind hat ihn dort wohl vergessen,
auf seinem Weg zum Abendessen.
Der Strand der ist fast menschenleer;
von rechts kommt jetzt ein Mann daher,
tritt fast auf jenen gelben Ring.
Erfreut ruft er: »Das ist ein Ding!
Das Schicksal tat mir eben winken,
denn mit dem Ring kann ich nicht sinken!«

Und da er ist am Strand allein,
steigt er aus seinem Hosenbein.
Und auch das Hemd das muss nun weichen.
Schon steht er da mit langen bleichen
behaarten Armen und auch Beinen
in Schießers Rippen, diesen feinen,
mit einem Schlitz an jener Stelle,
wenn's schnell gehen soll – für alle Fälle.

Mit jenem Schwimmring um die Mitte
macht er ein paar entschloss'ne Schritte,
lässt mutig sich ins Wasser fallen –
verängstigt fliehen Ohrenquallen.

Der Mann fühlt sich jetzt völlig sicher
und unter albernem Gekicher
paddelt er wie ein kranker Hund –
tief unter sich den Ostseegrund.

Als er bald nicht mehr paddeln kann
spielt er ganz einfach »toter Mann«.
Er merkt nicht, dass der Wind sich dreht,
beharrlich ihn nach draußen weht.
Zu spät fängt er das Strampeln an
mit dem er nichts mehr ändern kann.
Allein die Hose wird er los,
voll Wasser wird sie ihm zu groß.

Ertrunken ist er nicht – oh nein!
Der Wind treibt ihn zum Hafen rein
nach Eckernförde in die Bucht,
von Urlaubern stets gut besucht.
Die denken nun, sie sähen nicht recht:
Ein Mann mit Schwimmring vorm Gemächt
erklimmt erschöpft die Hafenmauer.
Schon liegt ein jeder auf der Lauer
fürs optimale Urlaubsbild.
Der Mann jedoch ist nicht gewillt
zu stellen sich in Positur.
So grüßt er knapp und höflich nur,
lässt dann die Menge staunend stehn
und war schon bald nicht mehr zu sehn.

DAS WUNSCHKIND

»Lieber Doktor Strempelmann,
der alles weiß und alles kann:
Ich hätte gerne noch ein Kind
und hoff', dass Sie behilflich sind.
Ich bin jetzt eine reife Frau
und deshalb weiß ich auch genau,
was ich mir wünsche für ein Kind,
damit wir kompatibel sind.
Sie fragen mich nach dem Geschlecht?
Ein Mädchen wäre mir sehr recht.
Mit heller Haut und blondem Haar,
dann passt es nämlich wunderbar
zu meinen Möbeln und der Wand,
gestrichen in der Farbe »Sand«.
Und bitte, was mir wichtig ist:
dass dieses Kind nicht zu viel isst!
Es sollte immer hübsch und schlank
und sportlich sein und niemals krank.
Es sollte geistreich sein und witzig,
in Diskussionen nicht zu hitzig,
im Abitur die Eins mit Stern;
Klavier und Geige spielt es gern.
Mehr fällt mir dazu nicht mehr ein,
man muss auch mal zufrieden sein!«

Herr Strempelmann, er lächelt milde:
»Ich denke mal, ich bin im Bilde
und mixe einen bunten Trank
der Besten aus der Samenbank.«

»Eins noch, Herr Doktor, nebenbei ...
Die Wechseljahre sind vorbei.
Die Produktion ist eingestellt,
weil an Hormonen es mir fehlt.«

»Das macht doch nichts, denn, schau'n Sie her:
Wir machen einen Ei-Transfer.
Im Reagenzglas findet statt,
was sonst so keine Chance hat.
Und was entsteht, das pflanzen wir
bei Ihnen ein ins Hauptquartier.«

»Das Hauptquartier besteht nicht mehr.
Ich bin da drinnen völlig leer!
Doch sicher gibt es Möglichkeiten
dem Kind ein Nest vorzubereiten?
Ich hab das Geld, Sie sind der Mann,
der alles weiß und alles kann!«

»Es ehrt mich, dass Sie an mich glauben,
doch muss ich Hoffnung Ihnen rauben.
Ihr Alter wäre nicht das Ding.
Ein kompatibles Kind ... das ging.
Ein nicht vorhandener Uterus
macht mit den Plänen leider Schluss.
Es dauert nur noch kurze Zeit,
dann sind wir sicher auch soweit
und drucken in 3-D genau
Gebärmütter für jede Frau.
Egal wie weh es jetzt auch tut,
verlieren Sie bloß nicht den Mut
und tragen sich gleich schon mal ein:
denn in drei Jahren könnt' es sein.
Dann sind Sie ganz knapp unter siebzig.
Das ist zwar nicht mehr jugendlich,
doch wichtig ist ja, dass es geht!
Fürs Wunschkind ist es nie zu spät!«

TEATIME

Ein Hund von unbestimmter Rasse,
der pinkelte in eine Tasse,
die aus noch ungeklärten Gründen
sich auf dem Boden tat befinden.
Dann trottet er – total entspannt –
in seinen Korb mit Blick zur Wand.

Sein Frauchen kommt zur Tür herein
und räumt die Spülmaschine ein.
Ihr Blick fällt auf die volle Tasse:
»Du liebe Zeit, wie ich das hasse!
Lässt seinen Tee hier einfach stehn ...
Den kann man doch nicht übersehn!«

Ihr Mann öffnet die Küchentür:
»Du schimpfst hier rum, was ist mit dir?«
»Was mit mir ist? Schau dich doch um!
Dein Tee steht auf dem Boden rum.
Das ist ein wirklich blöder Ort.
Nimm endlich deine Tasse fort!«

Erstaunt hebt er die Tasse an,
kratzt sich am Kopf und murmelt dann:
»Ich könnte wetten, die war leer ...«
Der Hund der träumt und atmet schwer.

DER PO

Es war ein Po, der sich beklagte,
weil er doch stets nach hinten ragte.
»Du hast es gut«, sprach er zum Bauch,
»da wo du bist, wär ich gern auch!
Der Welt kannst du entgegensehen,
was mich passiert ist schon geschehen.
Nie kommt was Neues auf mich zu;
ach, könnte ich so sein wie du!«

Dem Bauch fiel dazu nicht viel ein.
Er wollte nicht da hinten sein.
Er war zufrieden so, wie's war
und schließlich war doch sonnenklar:
nach vorne passte halt kein Po.
So war es und es blieb auch so!
Ein Tausch war somit ausgeschlossen,
da war der Bauch ganz fest entschlossen.
Doch tat ihm der Popo auch leid.
Er würde bei Gelegenheit
Worte des Trostes an ihn richten,
dann würde sich das Trübe lichten.

Und als dem Po am nächsten Tag
sein Wohnsitz quer im Magen lag
und ihm den Blick erneut verstellte,
war es der Bauch, der ihn erhellte
mit Worten, die gut ausgewählt.
»Es ist die Zeit, die für dich zählt!
Und etwas später oder eher
kommst du dem Boden immer näher
und durch jedweden Zwischenraum
kannst du von hint' nach vorne schau'n.«

NUR EINMAL

Die alte Dame Mitte siebzig,
betritt ein wenig zögerlich
das Hallenbad in ihrer Stadt.

Nachdem der Eintritt ist bezahlt,
schnappt sie sich die Kabine vier,
verriegelt sorgfältig die Tür.
Zieht Schuhe, Strümpfe, alles aus
und holt aus ihrer Tasche raus:
ein buntgestreiftes Frotteetuch,
den Schwimmanzug, dessen Geruch
verrät, dass er wohl Jahr um Jahr
von Mottenkugeln Nachbar war,
die Badelatschen, neu erstanden,
die Badekappe, mit Girlanden
von Seerosen – mehr als genug:
Sie lenken ab vom Schwimmanzug.
Die Dame steigt beherzt hinein,
er ist ein wenig weit am Bein.

Die Schwimmhalle ist voll und laut.
Die Dame hat sich umgeschaut,
erfasst die Lage und im Nu
marschiert sie auf den Sprungturm zu.

Der Sprungturm jedoch ist gesperrt:
Ein Schild den Zugang hier verwehrt!
Kann denn die Dame das nicht lesen?
Ist es ihr gar egal gewesen,
da sie jetzt trippelt – recht adrett –
bis vorne aufs Dreimeterbrett?

Der Bademeister kommt gerannt.
Die Badegäste schau'n gespannt.
»Arschbombe! Achtung! Macht mal Platz!«
Die Dame machte einen Satz ...

Der Sprung gelingt rekordverdächtig,
das Wasser spritzt und wellt sich mächtig.
Die Badekappe – unerkannt –
treibt damenlos zum Beckenrand,
denn diese stopft grad ihre Brüste
zurück ins Schwimmanzuggerüste.
Beschwingt erklimmt sie dann die Leiter ...
doch geht es oben nicht mehr weiter:
Der Bademeister stellt sich quer:
»Dies Bad betreten Sie nicht mehr!«

Die Dame schlüpft vorbei am Mann.
»Ach wissen Sie,« sagt sie sodann,
»Mir ist das wirklich pupsegal:
Ich wollte nur das eine Mal!«

IM CAFÉ

Vom Einkaufsbummel in der Stadt
war eine Dame völlig platt.
Sie schleppte sich ins Café Stoll
wie immer war es brechend voll.
Doch in der letzten Fensternische,
da saß ein Herr allein am Tische.
Die Dame schaut ihn fragend an.
Er nickte kurz, erhob sich dann,
rückte ihr noch den Stuhl zurecht.
Die Dame dachte: »Gar nicht schlecht!
Das scheint ein rechter Kavalier,
da sitze ich wohl richtig hier.«

Der Herr nippte am Wasserglas.
Die Dame die bemerkte das:
»Nur Wasser?«, fragte sie direkt.
»Nicht, dass es mir besonders schmeckt!
Mein Arzt riet mir viel mehr zu trinken,
dann könnte auch mein Blutdruck sinken.
Und mein Gehirn wird es mir danken,
wenn seine Zellen Wasser tanken.«
Die Dame lächelte ihn an:
»Sie sind ein wirklich tapferer Mann!«
Dann stand der Kaffee auf dem Tisch,
die Dame die entspannte sich.
Der Herr rückt näher zu ihr hin:
»Und wissen Sie, dass mein Urin
viel heller ist als er mal war?
Auch riecht er nicht so sonderbar.«

Die Dame denkt, sie hört nicht recht,
und grade wird ihr etwas schlecht.
Der Herr fasst sachte sie am Arm:
»Und im Vertrauen: Auch mein Darm
zieht Vorteil aus dem vielen Wasser.
Denn davon wird der Stuhlgang nasser.
Der flutscht jetzt richtig – ohne Pressen!
Und beinah hätte ich vergessen:
Die Schuppenflechte hinterm Ohr
ist jetzt viel kleiner als zuvor.«

Der Herr nahm einen großen Schluck.
Die Dame gab sich einen Ruck,
sprang auf vom Stuhl und zu dem Mann
sprach sie mit leiser Stimme dann:
»Mein werter Herr, Sie wissen schon ...
ich hatte die Operation:
Der Ausgang wurde mir verlegt,
ein Beutel seitlich an mir klebt.
Und dieser – glaub ich – läuft gleich über!
Ich eile mich und komm dann wieder.«

Nach fünf Minuten oder so,
die Dame kam zurück vom Klo.
Der Platz am Fenster war verwaist,
der Kavalier war abgereist.
Sie schmunzelte in sich hinein:
»Ein Gläschen Sekt soll es jetzt sein!«

HINTER DER FLEISCHTHEKE

Der Wurstsalat, der schaut adrett
aus einem Mayonnaisebett
hinüber zu der Mortadella.
Die liegt auf einem weißen Teller
und grinst mit Teddybärgesicht
ins kalte weiße Neonlicht.

Die Blutwurst ist schon etwas trocken,
das sieht man an den weißen Plocken
aus Fett, die sich zusammenziehen,
als wollten sie am liebsten fliehen.

Die Leberwurst macht großen Durst,
dabei ist ihr die Leber wurst,
denn die liegt hinterm Hinterschinken.
Man könnte auf Verdacht mal winken ...
Doch warum sollte sie das tun?
Liegt neben ihr doch von dem Huhn
die Brust und zwar in Scheiben.
Da möchte man doch gerne bleiben!

Salami gibt's mit Pfefferkorn
von Tieren – meistens ohne Horn.
Vom Schwein der süße Ringelschwanz
fehlt hinterm Tresen sogar ganz,
stattdessen liegen seine Beine
so rückhaltlos und ganz alleine.

Das Hackfleisch legt sich gern gehackt
und sieht dann aus wie hingekackt.
Von außen ist es rot bis rötlich,
wird's grau und schleimig ist es tödlich.

Die Landjäger – die Rücken grade –
sind aufgereiht wie zur Parade.
Die Cabanossi sind entspannter
vielleicht für manche unbekannter.
Doch Wiener Würstchen sind der Hit,
da frisst sogar der Fifi mit.

Wenn es dann dunkel wird am Tresen
wird alles flugs – noch vorm Verwesen –
verpackt, gekühlt und weggesperrt,
damit kein Keim sich mehr vermehrt.

Da liegen alle fett und schlafen:
Das Mett und die Koteletts von Schafen,
das Bauchfleisch und die Bratenbatzen
die hört man gleich als erste ratzen.

Doch jemand wimmert, schläft nicht ein:
die Beine sind es von dem Schwein!
Das geht auch nicht, wie jeder weiß,
nicht, wenn die Beine sind aus Eis!

DER SCHLAF

Ein Mensch hat kurz vor Mitternacht
die Nachttischlampe ausgemacht
um sich dem Schlaf zu überlassen.
Der wartet schon im Nebelhemd,
zwei Träume untern Arm geklemmt,
um nach dem Mensch zu fassen.

Doch: dieser liegt noch nicht bequem.
Es ist zu warm und außerdem
dreht das Gedankenkarussell
um das, was hängen blieb vom Tag,
noch keine Ruhe geben mag ...
Der Schlaf hockt auf dem Bettgestell
und schaut dem Mensch kopfschüttelnd zu,
denn dieser wälzt sich immerzu
von links nach rechts und flucht dabei.
Das Kissen scheint ihm aus Zement,
verrutscht ist das Pyjamahemd,
der Rücken völlig frei!

Die rechte Hand scheint eingeschlafen,
vermutlich angezählt von Schafen,
die weiden auf der blauen Flur.
Der Rest vom Mensch jedoch ist wach.

Jetzt zieht auch noch die Blase nach
und bleibt in ihrem Drängen stur.
Der Mensch begibt sich Richtung Bad.

Der Schlaf, der sichtlich Mühe hat
sich länger wach zu halten,
zieht die zwei Träume mit Geschick
auf nächstbesten USB – Stick,
bleibt noch das Laptop anzuschalten.

Erleichtert kommt der Mensch zurück
um gleich im nächsten Augenblick
erschrocken zu verharren ...
Da hockt etwas in seinem Bett –
im Nebelhemd – und vor ihm steht
ein Laptop um hinein zu starren.

Was ist es, was das Hemd da schaut?
Ist weder leise weder laut,
ist eher stumm, doch gut zu hören.
Die Bilder fliegen so dahin,
mal wunderschön, oft ohne Sinn;
der Mensch lässt sich betören
und legt sich nun, ganz ohne Scham,
dem Nebelhemd in dessen Arm.

Der rückt ein Stück zur Seite ...
Gemeinsam lassen sie sich ein,
auf jene beiden Träumereien,
in Länge und in Breite.
Sie freuen und sie gruseln sich,
mit Chips und Popcorn zwischen sich
krümeln sie um die Wette.

Am Morgen, als der Mensch erwacht,
da hat er in sich rein gelacht:
»War schwer was los in meinem Bette!«

VERSTECKSPIEL

Karl-Heinz, der spricht zu der Frau Proll:
»Dein Tattoo find ich total toll!«

Neugierig fragt sie den Karl-Heinz:
»Hätt'st du denn gerne auch so eins?«

»Ich habe eins!", ruft der Karl-Heinz,
»es ist versteckt und ein ganz klein's ...«

Da kichert sie, als ob sie wüsst',
wo das Versteck vom Tattoo ist.

DIE TÜTE

Die Tüte lag am Straßenrand,
woher sie kam, war nicht bekannt.
Kein Aufdruck einen Hinweis bot,
nur dünnes Plastik, rosarot.

Sie lag dort mitten in der Stadt,
wo jeder Mensch es eilig hat
und keine Zeit zu hinterfragen:
Wer hat die Tüte mal getragen?
Und was verbarg sich in ihr drin?
War es ein Dingsbums ohne Sinn,
ein Pfund Tomaten, rund und prall,
ein graumelierter Herrenschal?

Ein Wind blies in den Plastikbauch.
Er blähte ihn und nahm ihn auch
ein Stückchen mit auf seiner Strecke,
vorbei an einer grünen Hecke,
die gierig nach der Tüte fasste,
während die Windbö weiterraste.
Da hing er nun, der Plastikmüll,
in einer Hecke, im April.

Auf jenen Wind folgte ein Schauer.
Der war zwar nur von kurzer Dauer,
doch eine Dame, tief erschrocken,
griff sich in ihre blonden Locken,
die kurz zuvor für sehr viel Geld
gewaschen wurden und gewellt.

Ihr Blick fiel auf die rosa Tüte,
sie dachte sich: »Du meine Güte,
da hängt, was mir zum Schutz jetzt fehlt!«
Die Tüte war schnell rausgeschält
aus jenem grünen Astgeflecht.
Die Dame zupfte sie zurecht
und stülpte dann – mit viel Gefühl –
auf ihren Kopf den Plastikmüll.

DER SENSENMANN

Auf einer Parkbank saß und sann
so dann und wann der Sensenmann.
Er saß dort aufrecht, unbewegt,
die Sense auf den Schoß gelegt,
in schwarze Tücher eingehüllt,
den Kopf mit Sorgen angefüllt.
Denn schon seit langem war ihm klar,
dass er nicht mehr belastbar war.

»Ich habe schon seit Ewigkeiten,
ganz ohne feste Arbeitszeiten,
die Lebensfäden durchgeschnitten.
Hab' manchmal selbst dabei gelitten.
Jetzt bin ich müde, ausgebrannt ...
Ist unter »Burnout« auch bekannt.«

Ein Kind hielt vor der Parkbank an,
schaute ihn an, den Sensenmann.
»Wie siehst du aus? Wo willst du hin?
Es ist doch noch kein Halloween!
Und Fasching ist schon längst vorbei!
Was soll dann die Verkleiderei?«
Er wusste darauf nichts zu sagen,
versteckte sich in seinem Kragen.

Das Kind zupfte am schwarzen Tuch:
»Wir spiel'n Verstecken! Komm jetzt! Such!
Du zählst bis fünfzig, Augen zu!
Nicht schummeln, denn sonst ist es Schmu!«

Das Kind entschwand. Der Sensenmann
fing langsam mit dem Zählen an ...
Doch mittendrin, da fragt er sich:
»Brauch ich die Sense oder nicht?
Ach was, ich lass' sie einfach hier.
Heut' mach ich kein' Gebrauch von ihr.«
»Ich komme!«, rief er und er schlich
ganz vorsichtig durch das Gebüsch.

Sie hatten Spaß, zwei Stunden lang.
Das Kind und auch der Sensenmann.
Er blieb noch lange winkend steh'n,
dann war das Kind nicht mehr zu seh'n.
Schmunzelnd lief er zur Bank zurück
und sah gleich auf den ersten Blick,
dass dort, wo er die Sense wähnte
nur blankgeputzte Leere gähnte.
»Oh je!«, so rief er schwer geschockt,
»da hat sich wer was eingebrockt!«

Unschlüssig blieb er dort noch steh'n,
als habe er was überseh'n.
Und in dem letzten Sonnenlicht
sah man ein Grinsen im Gesicht
des Sensenmannes, der nun lüpfte
die Tücher und zum Ausgang hüpfte.

ES WAR EINMAL ...

Der böse Wolf schleicht durch den Wald.
Das rote Käppchen sieht er bald,
die Bäume sind fast alle tot.
Kein Schutz mehr für das rote Rot!
Gemeinsam köpfen sie den Wein.
Die Oma ist im Altersheim
und niemand kommt sie mehr besuchen.
Mit Wein nicht und auch nicht mit Kuchen.

Ganz in der Nähe, fern von zuhaus,
finden Hänsel und Gretel ein Knusperhaus.
Sie hauen sich die Bäuche voll ...
Was darauf folgt ist nicht so toll,
denn das Gluten und die Laktose
gehen gehörig in die Hose ...

Die sieben Zwerge Trauer tragen.
Schneewittchen kann man nicht mehr fragen,
der Apfel war wohl ungewaschen
und davon sollte sie nicht naschen.
Die Biene Maja kennt das Spiel.
Im Bienenstock ist's ziemlich still ...
Ihr Freund, der Willi, lebt nicht mehr.
Die Honigtöpfe bleiben leer.

Und Pippis Vater ist geflohen.
Der Taka-Tuka-Insel drohen
die Wassermassen, die jetzt steigen
und ihm die Zukunft dort vergeigen.
Die Villa Kunterbunt ist platt,
hat Platz gemacht fürs Riesenrad –
der Attraktion vom Freizeitpark!
Die Pippi lebt in Dänemark
und schützt die Grenze vor dem Schwein,
das wandert wild aus Deutschland ein.

Die Heidi spricht zum Ziegenpeter:
»Die Welt wird Tag um Tag verdrehter!«
Doch kaum hat sie den Satz gesagt
kommt die Lawine angejagt
aus Stein und Sand rollt sie ins Tal.
Großvaters Alp: die war einmal.

Nur einer lässt sich nicht beirren,
lässt sich sein So-Sein nicht verwirren.
Und hängt die Welt auch noch so schief,
der Hans im Glück denkt positiv.

Ach Hänschen, manchmal wünscht ich mir
dein Frohsinn wär ein Teil von mir!

WEIHNACHTSSTIMMUNG

Die Tanne, aufgeregt wie nie
stand in der Christbaumkolonie
und spürte, dass die Zeit jetzt kam,
in der man ihr das Leben nahm.
Die Freunde, die nun schon seit Jahren
ganz dicht in ihrer Nähe waren,
die lagen jetzt in grünen Haufen
zum Abtransport und zum Verkaufen.

»Wie gern würd' ich hier stehen bleiben,
mit Wachstum mir die Zeit vertreiben.
Mich wiegen, wenn ein Wind mich neckt
und wenn der Regen an mir leckt,
der mich mit Tropfen reich verziert,
die dann der Frost zu Perlen friert,
dann fühl ich mich so wunderschön ...
Wie gern blieb ich hier draußen stehn!«

Ein Mann mit Helm und Motorsäge
kam angeschlurft auf jenem Wege,
der bei dem Baum ein Ende fand ...
Die Säge fest in seiner Hand
warf er sogleich den Motor an,
machte sich an den Stamm heran.

Die Tanne war ganz außer sich:
»Du wirst schon sehen, ich wehre mich!«
Spannte sich an, drehte sich weg,
er rutschte ab und bei dem Schreck
grub sich die Säge in sein Bein!
Zu dumm! War er doch ganz allein
im Wald mit jenem Baum,
der angesägt sich nunmehr kaum
noch halten konnte auf dem Fuß
und jetzt zu allem Überfluss
herunterstürzte auf den Mann,
der davon nichts mehr mitbekam.

Zur Weihnacht dann stand jener Baum
reichlich geschmückt mit einem Saum
von Glitzerperlen, die nicht echt
und Sternen, die aus Strohgeflecht
mit gold'nen Bändern war versehen
und blanken Kugeln, die sich drehen
und spiegelten das Kerzenlicht.

Die Tanne merkte davon nichts.
Sie war so tot wie jener Mann,
der aufgebahrt – mit Anzug an –
in einem schlichten Fichtensarg
auf einem Spitzenkissen lag.

Das wehe Bein war gut versteckt,
mit weißer Seide zugedeckt.
Am Kopfende ein Kerzenlicht
warf einen Schein auf das Gesicht
des toten Mannes und man sah,
dass es mit Rouge versehen war,
der Mund mit rotem Lippenglanz
und vor dem Sarg ein Tannenkranz.

Der Anblick war recht feierlich,
dem Weihnachtsbaum nicht unähnlich.
So haben beide diese Nacht
geschmückt, doch leblos zugebracht.

ZWISCHEN DEN JAHREN

Die Weihnachtstage sind vorbei,
Geschenkeflut und Völlerei.
Der Weihnachtsmarkt sieht trostlos aus,
doch einer hält verbissen aus:
Der Mann vom Kinderkarussell.
Mit Schlagern, aufdringlich und grell
schlägt er seit unzähligen Tagen
den Anwohnern auf deren Magen.
Jetzt sitzt da nur ein einziges Kind.
Das Karussell dreht sich geschwind
und hebt die Gondeln hoch und runter.

Das Kind verfärbt sich bunt und bunter
und endlich bricht sich seine Bahn,
was es nicht drin behalten kann:
Die Chicken Nuggets mit Pommes frites,
McDoof und i-Pads, Bytes und Bits,
Konsolenspiele, Laserschwert,
Kassetten, die kein Schwein mehr hört,
die Barbie mit der Magersucht,
ein Kuscheltier, das rülpst und flucht.
Zum Schluss ein Haufen Batterien,
die hat das Kind mit ausgespien.

Die Mutter, die am Rande steht,
spürt, dass es ihr nicht besser geht.
Im Schwall ergießt sich auf das Pflaster
der Mutter allergrößtes Laster:
Die Weihnachtsplätzchen, heiß geliebt,
mit Puderzucker, fein gesiebt,
danach ein ganzer Rattenschwanz
aus Stücken von der Weihnachtsgans.
Kostbare Cremes, die Falten mindern,
Ernährungstipps mit bunten Bildern,
Die Topmodels von Heidi Klum,
die Waschlotion für untenrum,
Parfum kreiert von Superstars,
ein Wellnesstag – ich glaub das war's.

Ungläubig starrt der Vater dann
sein Kind und dessen Mutter an.
Doch jetzt, wer hätte das gedacht,
da würgt es ihn und zwar mit Macht.
Gequält und lila das Gesicht:
Da soll was Großes raus ans Licht!

Gespart hat er seit Ewigkeiten
um sich die Freude zu bereiten:
Er möchte wie ein König cruisen
und nicht in kleinen Autos loosen.
Die Rinderherden, die sich keck
ihm stellen wollen in den Weg,
die schiebt er mit dem Bügel munter
mal rechts, mal links den Abhang runter.
Ein Auto, nutzlos wie ein Kropf,
das geht ihm jetzt durch seinen Kopf.
Ein Würgen zwingt ihn in die Knie,
dann ist er raus, der SUV!

Entrümpelt steh'n die drei nun da
und fühlen sich so sonderbar ...
Fast schweben sie zurück nach Haus.
Ich kann nur sagen: »Macht was draus!«

ANKER

Ich möchte gerne Anker werfen
weit, in ein blaues Meer..
Fernab von grell und laut und dumm,
von schwarzbraun und von schwer.

Aus Treibholz bau ich mir ein Floß,
das hält mich in der Schwebe
und wenn ein Wal mich zärtlich küsst,
dann spür ich, dass ich lebe.

Sag mir, wo find ich dieses Meer
und diesen Wal, der küsst?
Wo nichts durch Unverstand und Müll
in Ewigkeit verdorben ist.

Ich möchte gerne Anker werfen
weit, in ein blaues Meer.
Der Wal, er wartet schon auf mich ...
Der Anker, der ist schwer.

Zeitfracht Medien GmbH
Ferdinand-Jühlke-Straße 7
99095 Erfurt, Deutschland
produktsicherheit@kolibri360.de